文明内蒙古丛书

文明实践在身边 农牧民

海清 编著

内蒙古人民出版社

图书在版编目(CIP)数据

文明实践在身边. 农牧民 / 海清编著. — 呼和浩特：
内蒙古人民出版社，2021.10

（文明内蒙古丛书）

ISBN 978 – 7 – 204 – 16901 – 6

Ⅰ. ①文… Ⅱ. ①海… Ⅲ. ①礼仪 – 基本知识 – 中国
Ⅳ. ①K892.26

中国版本图书馆 CIP 数据核字(2021)第 229428 号

文明实践在身边·农牧民

作　　者	海　清
策划编辑	王　静
责任编辑	蔺小英　段瑞昕
封面设计	徐敬东　刘那日苏
出版发行	内蒙古人民出版社
地　　址	呼和浩特市新城区中山东路 8 号波士名人国际 B 座 5 楼
网　　址	http://www.impph.cn
印　　刷	内蒙古恩科赛美好印刷有限公司
开　　本	710mm×1000mm　1/16
印　　张	7.5
字　　数	56 千
版　　次	2021 年 10 月第一版
印　　次	2022 年 9 月第一次印刷
印　　数	1—12000 册
书　　号	ISBN 978 – 7 – 204 – 16901 – 6
定　　价	26.00 元

如发现印装质量问题，请与我社联系。联系电话：(0471)3946120

《文明内蒙古丛书》

线上资源待查收

开 电子书库

阅读本系列全部电子书

看 法制科普

做知法懂法好公民

看《道德观察》纪录片

学习生活中的好榜样

☑ 学习笔记

在线记笔记
平台内分享促进步

微信扫码

还有本社好书推荐

《文明内蒙古丛书》编委会

主　　编：杨佐坤

执行主编：王　静

副 主 编：陈利保　武连生

编　　委：蔺小英　乌恩其　董丽娟　杨喜英

　　　　　王喜刚　李林燕　孙红梅　王重杰

　　　　　王　曼　李治国　段瑞昕　司景民

　　　　　王　实　宝勒道

序

　　中华文明源远流长，孕育了中华民族的宝贵精神品格，培育了中国人民的崇高价值追求。中国特色社会主义进入新时代，加强公民道德建设、提高全社会道德水平，是全面建成社会主义现代化强国和实现中华民族伟大复兴的战略任务，是适应社会主要矛盾变化、满足人民对美好生活的向往的迫切需要，是促进社会全面进步、人的全面发展的必然要求。

　　党的十八大以来，以习近平同志为核心的党中央高度重视公民道德建设，立根塑魂、正本清源，做出一系列重要部署。中共中央、国务院于2019年10月印发了《新时代公民道德建设实施纲要》，明确了新时代推进社会公德、职业道德、家庭美德、个人品德建设的举措和方向，推动思想道德建设取得显著成效。

然而，随着国际国内形势的深刻变化，我国经济社会的深刻变革，在市场经济规则、政策法规不够健全，社会治理体系不够完善的阶段，受不良思想文化侵蚀和网络有害信息影响，我国道德领域依然存在着不同程度的道德失范现象，拜金主义、享乐主义、极端个人主义仍然比较突出，一些社会成员道德观念模糊甚至缺失，是非、善恶、美丑不分，见利忘义、唯利是图，损人利己、损公肥私，造假欺诈、不讲信用的现象久治不绝，突破公序良俗底线、妨害人民幸福生活、践踏国家尊严、伤害民族感情的事件时有发生。这些问题都需要逐步解决。所以，加强公民道德建设是一项长期而紧迫、艰巨而复杂的任务，需要公民从自身做起，积极参与新时代文明实践活动，践行社会主义核心价值观。

"全部社会生活在本质上是实践的。"精神文明观念只有通过实践才能实现内化、固化、转化。公民积极参与新时代文明实践，对于提升个人思想觉悟、道德水准、文明素养和全社会文明程度意义深远。同样，个体和群体的精神文明建设成效需要实践来检验。

　　"文明内蒙古丛书"是一部旨在引领社会思潮、规范道德行为、树立新风正气的丛书。丛书以党员、市民、农牧民、企业职工、大学生五类群体为对象，以习近平新时代中国特色社会主义思想和社会主义核心价值观为理论指导，有针对性地为各类群体树立文明实践标准，从而引导内蒙古各族人民形成爱国爱家、相亲相爱、向上向善、共建共享的社会主义文明新风尚，让内蒙古成为锻造理想信念的熔炉、弘扬主流价值的高地、滋养文明风尚的沃土。

　　《文明实践在身边·党员干部》从党员干部

生活中的文明实践、工作中的文明实践、遵守基本行为规范三个方面切入，详细阐释了党员干部在引领社会新风尚、推动社会进步中发挥的文明行为倡导者、先行者、带头人、主力军的独特作用。通过政策理论引导、反面案例警示、小讲堂提醒的方式，对党员干部怎么做城市文明的先行者，怎么做生态文明的先行者，怎么做"文明出行""文明餐桌"的先行者，在道德文明建设中起什么作用、传承什么家风、引领什么风尚、遵守哪些基本行为规范等加以明确，对于党员干部提升文明素养，带动群众树立文明意识，推进社会文明具有积极意义。

《文明实践在身边·农牧民》立足农村牧区实际，用农牧民喜闻乐见的顺口溜、标语等形式宣传新时代乡风文明建设内容。全书以社会主义核心价值观为纲，从讲文明、懂礼仪、树新风，爱劳动、勤动脑、勤动手，扬法治、学法规、守规矩，爱中华、讲团结、共发展，爱家乡、护生态、兴产业五个方面切入，每个章节以顺口溜、小故事、知识链接或案例为内容，用农牧民听得懂的语言指出农村牧区存在的陋习，倡导好的做法，从而规范农牧民的言行举止，破除陈规陋习，树立文明新风，营造文明和谐的乡村环境。同时，以铸牢中华民族共同体意识为主线，结合内蒙古正在开展的群众性文明内蒙古建设"十大行动"，将群众性文明实践活动具体化，助力内蒙古乡村振兴。

《文明实践在身边·市民》从公民道德教育、爱国主义教育、遵守文明行为基本规范三个方面立意，对如何践行社会公德，在社会中做一个好公民；如何遵守职业道德，在工作中做一个好职工；如何弘扬家庭美德，在家庭中做一个好成员做了阐述。特别是就每个人在日常生活中如何践行文明行为基本规范给出了答案，同时关注了老百姓关心的文明就医、文明上网、文明用餐、文明养犬等日常问题。书中既有分享文明知识的"小课堂",又有鲜活的案例,融可读性、宣教性、趣味性于一体,是一本生动有趣的市民文明实践读本。

《文明实践在身边·企业职工》从最基本的爱国理念出发,教育引导企业职工自觉接受爱国主义教育,自觉践行爱国主义精神。同时对企业员工认同企业文化和岗位价值做了通俗易懂的阐释,对员工应遵守的基本行为规范进行了细化,指出员工应当承担的义务。全书既有思想引导,又有分类分条的职业文明行为规范,还对公司法、劳动法等涉及企业员工的法律进行了解读,对于企业员工维护自身合法权益,参与健康企业文化建设,提高主人翁地位具有积极意义。

《文明实践在身边·大学生》从引导青年做好身边点滴小事和遵守基本行为规范着手,

帮助大学生群体坚定理想信念、树立远大理想，成为担当民族复兴大任的时代新人。全书以大学生应该坚定什么样的理想信念，锤炼什么样的品德，如何强健体魄、严于律己等为内容，通过摆案例、讲故事、立规范等形式，明确了大学生在校园内应该践行的文明礼仪和遵守的规章制度，在校园外应该弘扬的传统美德和遵守的法律法规等。针对大学生如何爱国、如何维护民族团结、如何参加社会实践等给出行动指南，在引导新时代大学生等青年群体积极践行社会主义核心价值观方面做了有益探索，具有较强的指导性和教育性。

本丛书的出版有利于在内蒙古营造培育和践行社会主义核心价值观的浓厚氛围，是贯彻习近平新时代中国特色社会主义思想的具体实践，具有重要的现实意义和教育意义。

目　录

扫码查看
• 同系列电子书
• 法制科普教育

第一章

讲文明、懂礼仪、树新风

（一）讲公德、守法纪

1.乱扔垃圾污染环境，焚烧垃圾有毒有害

乱扔垃圾危害多，

占用田地污染水，

发霉腐败臭味大，

病毒细菌易滋生，

蚊蝇螂鼠有了家。

扫码查看
• 同系列电子书
• 法制科普教育

小故事 ◦--

在一座远离城市的小岛上，一位摄影师发现了许多已经死去的信天翁，它们的身上看起来并无伤痕，那为什么会死亡呢？为了解开疑惑，他决定打开一只信天翁的肚子看看。打开以后，他惊呆了，这只死去的信天翁的肚子里填满了各种垃圾袋、塑料瓶盖、打火机和金属，甚至还有废弃的电池。摄影师觉得这只是个意外，接着又打开了其他几只信天翁的肚子，结果完全一样。乱扔垃圾危害极大，希望大家保护环境，给动物提供一个安全的生活环境。

 **知识链接** ◦--

垃圾在焚烧过程中会产生大量的有毒物质，其中最为危险的当属人类一级致癌物中毒性最强的二噁英。二噁英主要由焚烧垃圾中的塑料制品产生，它不仅具有强致癌性，而且具有极强的生殖毒

性、免疫毒性和内分泌毒性。所以，不可以随便焚烧沥青、酒毡、橡胶、塑料、皮革之类的垃圾以及其他会产生有毒有害烟尘和恶臭气体的物质。

2.家畜家禽看管好，乡道村道不乱占

你家的牛他家的羊，

踏啃了庄稼多心疼。

东家的鸡西家的鸭，

禽畜粪便得常处理。

公路油路不放牛羊，

乡道村道不堆不占。

村村都有大小汽车，

来来往往爱护道路。

 小故事 •--

　　小刚是开出租车的，夜里去农村接客人，村里的道路没有隔离设施，土路坑坑洼洼，碎石多。村里的一头猪突然跑到路上，被小刚撞死，小刚赔了猪主人 2000 元，车也被撞坏了。小刚这一个月白忙活了。可见，牲畜横穿或占用道路，会带来较大的安全隐患。此外，村民一定要看管好自己的牲畜，防止牲畜踩踏啃食庄稼。下面的故事即是一例。

老张有8只羊，他经常在村子周围放养这些羊。老张家后面就是村里的地，羊跑到老王的地里啃食玉米。老王发现后非常生气。没多久，老赵的两头牛也跑到老王地里，踏倒了好多玉米。老王一气之下购买了两瓶老鼠药，洒在玉米上。后来，老张有2只羊因食用洒有老鼠药的玉米死亡。老张让老王赔羊，老王让老张赔庄稼，后来老张报警。经警察鉴定，1只羊系氟乙酸根离子中毒死亡。按照市价，中毒死亡羊价值1500元，老王损失的庄稼价值800元。经警察和村支书调解，老张赔偿老王800元，老王赔偿老张1500元，双方达成谅解。

3.斗酒劝酒生是非，不讲粗话不打骂

斗酒、劝酒、过量饮酒，

斗的是健康，损的是文明。

粗话、脏话、打打骂骂，

说的是恶语，毁的是形象。

知识链接 •---

　　斗酒、劝酒、过量饮酒，肝脏如石、面如涂蜡。酒虽然可以调节气氛、借以消愁，但如果把握不住量，轻则醉酒闹事，有失体面，重则违法乱纪。劝酒、斗酒致弃杯摔碗、拳脚相加、亲友失和，并不罕见。过量饮酒甚至酗酒会损害身体器官，可伤皮（酒精性红斑）、伤肌（酒精中毒性肌病）、伤骨（酒精性骨痛）、伤胃（上消化道出血）、伤胰（急性坏死性胰腺炎）、伤心（酒精性心肌病、脚气性心脏病）、伤脑（酒精性脑梗死）、伤胎（胎儿酒精综合征）。而最常见的与饮酒相关的疾病是酒精性肝病。在我国，酒精性肝病（包括急性酒精中毒、酒精性肝炎、酒精性脂肪肝、酒精性肝硬化和肝癌）的发病率呈逐年上升趋势。21 世纪初，南方及中西部省份成人群体中，酒精性肝病患病率为 4.3%～6.5%。在各种肝硬化中，酒精性肝硬化占 24%，酒精性肝硬化有可能转化为肝癌。

 **小讲堂**

　　良言一句三冬暖，恶语伤人六月寒。在家里家外，都不要说脏话，口无遮拦会令人厌恶。家庭中，对亲人讲话更要有分寸，都说最深的伤害来自最亲的人，要警惕对家里人实施语言暴力。很多人觉得对家人不需要太讲究，所以口无遮拦，可攻击性、伤害性的语言就像一把无形的利刃，让亲人内心布满伤痕。在外面更要注意言谈，村里村外都是熟人，说不好的话会给人留下不好的印象，污言秽语更像泼出去的脏水，覆水难收。

　　4. 提升如厕文明，树立文明新风
　　人畜粪便露天排，蛆虫蜂蝇乱哄哄。
　　既藏病菌又生虫，污染水土和空气。
　　直接还田也不好，最好无害化处理。
　　人畜粪便用得好，废物也能变成宝。

 **知识链接**

　　农村的人畜粪便集中起来是很好的有机肥原料，但是使用不当会造成污染，比如粪便里含有病虫害、重金属超标、含有很多大肠杆菌等，都有可能引发一些问题，而且直接施用还有可能导致烧根烧苗。所以，在施用畜禽粪便前，要使它们发酵腐熟。发酵腐熟有自然腐熟和快速腐熟两种方式。自然腐熟时间长，而且腐熟不彻底。所以，现在一般会在畜禽粪便里面添加一些微生物菌剂，这样可以加速升温，达到快速腐熟的目的。此外，经过微生物菌剂腐熟的畜禽粪便不会二次发酵，也就不会产生烧根烧苗的问题，腐熟彻底，而且里面含有大量的有益微生物菌剂，会给作物的根系提供良好的微生态环境，有利于作物吸收肥料，让作物根强苗壮，长出来的果实会更加香甜。

　　在农村，受生活习惯、思想观念、经济和自然条件等多种因素的影响，居民使用的厕所普遍比较简陋，在犄角旮旯便溺的现象也不罕见。

随处可见的粪便让人感到不舒服，最主要的是会污染环境，给人类带来疾病。裸露的粪便或露天的粪坑中蝇蛆滋生，苍蝇作为一种病媒生物，会给人类传播疾病；渗漏的厕坑会污染浅层地下水；在施肥过程中，粪便中的寄生虫卵、病毒、细菌会污染土壤及农作物，导致人类感染疾病。因此，农村要对厕所进行改造或改建，逐步普及卫生厕所。

农村进行厕所革命，人人养成良好的如厕习惯，这样既可以减少粪便污染带来的疾病，提高健康水平，又可以改善农村人居环境，提高农民的生活质量。

5.农忙农闲莫赌博，天上不会掉馅饼

十个打牌九个输，还有一个在骗赌。

见钱就想赌一赌，都想单车变摩托。

偶尔赢点就上瘾，还想摩托变小车。

劝君莫贪赌中财，劳命伤身害处大。

粘上赌博千家毁，不舍吃穿就舍输。

辛辛苦苦挣点钱，上了牌桌就输完。

输完到处去借钱，亲戚朋友都借完。

牌桌上面无父子，眼里只有赢和输。

赌博风气真叫坏，终身悔恨泪涟涟。

赌博害的是家庭，没有谁能一直赢。

赌博坏的是风气，违法迟早要被抓。

案例

嗜赌酿成的悲剧

2006 年 8 月，呼和浩特市某县一对老夫妇将 42 岁的亲生儿子张某杀死，酿成悲剧。张某整日游手好闲，沉迷于赌博，欠了好多赌债，还经常和家人发生冲突。张某有两个姐姐一个弟弟，父母和两个姐姐特别疼爱他，先后帮他购买了两辆汽车用来跑运输。十几年前，张某迷上了赌博，把所有收入都用来赌博，欠下的赌债多达五六十万元。每逢有人向他催债，他就会因心里不痛快而行为失常，经常打骂父母。张某的父亲 71 岁、母亲 65 岁，都是老实巴交的受苦人。某日凌晨，张某的父亲和母亲用木棍重击张某头部，致其死亡。杀死儿子后，张某的父亲和母亲主动报案。据警方分析，张某的父亲和母亲杀死儿子的动机是对儿子过于失望，又担心他欠下的巨额赌债对家人不利，最终酿成悲剧。

（二）遏陋习、倡文明

1.倡导勤俭节约，反对铺张浪费

循环用水倡节水，随手关灯倡节电。

要想资源用不竭，各种能源要珍惜。

一粥一饭得不易，半丝半缕物力艰。

垃圾乱堆是垃圾，垃圾分类是资源。

勤为至宝一生用，俭作良田万世耕。

勤俭节约惠后人，铺张浪费害子孙。

小故事 ·······································

两个兄弟的"勤"与"俭"

从前，一个叫吴成的农民住在中原的伏牛山下，他一生勤俭持家，日子过得无忧无虑，十分美满。他临终前，把一块写有"勤俭"两字的横匾交给两个儿子，告诫他们："你们要想一辈子不受饥挨饿，就一定要照这两个字去做。"后来，兄弟俩分家时，将匾一锯两半，老大分得一个"勤"字，老二分得一个"俭"字。

老大恭恭敬敬地把"勤"字高悬家中，每天日出而作、日落而息，收成不错。然而，他的妻子却大手大脚，孩子们常常将白白的馍馍吃两口就扔掉。久而久之，家里就没有余粮了，日子过得一天不如一天。

老二自从分得半块匾后，把"俭"字当作神谕，时时记在心上，却把"勤"字忘到九霄云外。他疏于农事，不肯精耕细作，每年收获的粮食不多，

　　尽管一家几口节衣缩食、省吃俭用，还是难以维持基本的生活。

　　这一年遇上大旱，老大、老二家中空空如也。他俩情急之下扯下字匾，将"勤""俭"二字踩碎。

这时候，突然有张纸条从窗外飞进屋内，兄弟俩连忙拾起一看，上面写道："只勤不俭，好比端个没底的碗，总也盛不满；只俭不勤，坐吃山空，一定会受穷挨饿！"兄弟俩恍然大悟，"勤""俭"两字原来不能分家，它们相辅相成，缺一不可。吸取教训以后，他俩将"勤俭持家"四个字贴在自家门上，意在提醒自己、告诫妻室儿女。

勤俭的大文豪苏轼

唐宋八大家之一的苏轼 21 岁中进士，前后共做了 40 年的官。做官期间，他非常注意节俭，精打细算地过日子。公元 1080 年，苏轼被贬官，来到黄州，由于薪俸减少了很多，他穷得过不了日子。后来，在朋友的帮助下，他弄到一块地，自己耕种。为了不乱花钱，他还制订了计划：先计算自己总共有多少钱，然后将这些钱平均分成 12 份，每月用 1 份，每份又平均分成 30 小份，每天用 1 小份。钱全部分好后，苏轼将它们按份挂在房梁上，每天清晨取下 1 小份，作为全天的生活开支。对这 1

小份钱，他仔细权衡，能不买的东西坚决不买，只准剩余，不准超支。苏轼把积攒下来的钱存在一个竹筒里，以备不时之需。

2.倡导崇尚科学，反对封建迷信

婚丧嫁娶文明节俭，

移风易俗根除陋习。

信神信教难保平安，

崇尚科学永远幸福。

 **小故事**

菩萨拜己不求人

某人在屋檐下躲雨，看见观音撑伞走过。这人说："观音菩萨，求你普度众生，带我走一段如何？"观音说："我在雨里，你在檐下，而檐下无雨，你不需要我度。"这人立刻跳出檐下，站在雨中，说道："现在我也在雨中了，该度我了吧？"观音说："你在雨中，我也在雨中，我不被淋，是因为有伞；你被雨淋，是因为无伞。所以，不是我度自己，而是伞度我。你要想被度，不必找我，请自找伞去！"说完便走了。 第二天，这人遇到了难事，便去寺庙里求观音。走进庙里，他发现观音的像前，有一个人在拜，那个人长得和观音一模一样，丝毫不差。他问道："你是观音吗？"那人答道："我正是观音。"他又问道："那你为何拜自己？"观音笑道："我也遇到了难事，但求人不如求己，拜神不如拜己。"

龙背村的故事

河南省新野县有个龙背村。传说很久很久以前，有一老龙为救一方百姓，违背天条布云施雨，被龙王打入凡间。他死后，尸体化为占地200余亩的黄土高坡。龙背村由此得名。千百年来，每逢天旱，百姓便会供上猪头大馍，烧香磕头，祈求老天降下甘霖。久而久之，龙背村的人便形成迷信思想，认为"龙背"上不能挖沟、打井，否则就是断"龙背"、动"龙脊"，老龙怪罪下来，村里会死人。所以，千百年来，这 200 余亩土地的收成都是靠天。

2002 年农村开展"学教"活动以后，乡党委派来驻村工作组在全村组织人员学习"三个代表"重要思想，动员党员带头向迷信思想宣战，带领全村村民在"老龙背"上挖沟打井、发展生产。听说要动"龙脊"，村里十几位老人竭力反对。驻村工作组一边做解释劝说工作，一边给老人们递上"平安无事保证书"。在工作组的支持下，村党支部带领村民在"老龙背"上打了 3 眼井，挖了 1 条长达 1000 米的引水排灌渠，全村 34 名党员带头在"老龙背"上建起了塑料弓棚，种上了早春蔬菜。蔬菜上市后，村民计算了一下，一亩地蔬菜一季收入 2800 元。看到党员在龙背上种菜取得了较好的经济效益，而且断"龙背"、动"龙脊"后，村中一直平安无事，村民的迷信思想彻底消除了，"老龙背"上一下出现 260 个蔬菜大棚。如今，黄土高坡大棚内的美国西芹、日本菜花、荷兰百利番茄一批接一批上市，龙背村村民的钱包越来越鼓。

3. 倡导孝老爱亲，反对薄养厚葬

爹娘面前能尽孝，孝顺才是好儿女。

公婆身上能尽孝，又落孝来又落贤。

邻里面前能尊老，尊老才是好村民。

儿女不在父母旁，多打电话常问候。

一有时间就回家，回家看看爹和妈。

问寒问暖问健康，好饭好衣想爹娘。

劳苦莫教爹娘受，忧愁莫与爹娘分。

和声细语顺为孝，自力更生莫啃老。

爹娘活着常尽孝，去世不要瞎胡闹。

丧事从简莫攀比，提倡厚养莫厚葬。

小故事

"孝"字当先 "爱"字装心

王秀珍是鄂尔多斯市鄂托克前旗城川完全小学的一名教师。2000 年，王秀珍的婆婆全身瘫痪，生活不能自理，为老人喂饭、穿衣、擦洗身体、端屎倒尿成为王秀珍的日常。婆婆由于长期卧床，经常大便干结，服用润肠通便药效果也不佳，她就用手为婆婆辅助排泄。2015年，王秀珍的母亲患上老年痴呆症，她给母亲擦拭身体、换洗衣物、按摩全身。长期悉心的照料下，母亲的病情日渐好转。同年，她的丈夫突发心肌梗死，她又不分昼夜地照顾丈夫。光阴轮转，她以"孝"字当先，将"爱"字装心，用自己的行动为家庭其他成员做出表率，赢得单位同事和亲朋好友的称赞，积极践行着中华传统美德。

追寻快乐的漱金鸟

传说漱金鸟是神鸟，曾经被人进献给皇帝。每次它吐金子的时候，人们总会露出笑容。它喜欢看人笑，便不停吐金子。它以为有了金子，人们就会开心起来。然而，它并不了解人的贪欲。人们有了金子，还想要更多的金子；有了财宝，又想有权力；有了权力，又想要权力再大一些。它想要知道人究竟怎样才会真正快乐，于是开始到处寻找答案。最后，它遇到一对朱姓母子，他们相依为伴，住在简陋的茅草房里。这位母亲很穷，身上没有一点金子，但每天却过得很开心。随着时间的推移，她的儿子慢慢长大，开始外出挣钱，陪伴她的时间越来越少。虽然家里的生活条件越来越好，但母亲脸上的笑容越来越少。最后，她的儿子参军打仗，惨死沙场。而他的母亲却还在家门口日日苦等，脸上早已没了笑容。这时候，漱金鸟才明白，有亲人陪伴才是最快乐的事情。它附身这位母亲的儿子，然后回到母亲身边，代替儿子孝顺她，母亲的脸上重新露出了笑容。

令人感到讽刺的是，常到朱家和这位母亲聊天的那位夫人，虽然生活富裕，却一直孤孤单单，过年都是一个人，直到后来病死。她死后，她有钱的儿子痛哭流涕，铺张地大办丧礼，被旁人夸赞孝顺。

树欲静而风不止，子欲养而亲不待。故事中朱家母亲的儿子，他的初衷是让母亲过上好日子，每天开心，所以选择出去挣钱。他陪伴母亲的时间越来越少，虽然家庭条件变好了，但母亲却越来越不开心。这其实已经背离了他的初衷，以前虽然没钱，但哪怕是吃糠咽菜，母子俩天天在一起。亲人之间的陪伴是多少金钱都换不来的。要知道，母亲年纪越来越大，与孩子相伴的时间会越来越少。在孩子心里，挣大钱享富贵是快乐的事情，可在母亲心里，千金万金都比不过和自己孩子相依相伴的时光。给母亲钱花并不算孝顺，工作之余能陪伴母亲，逢年过节能拖家带口回家看望母亲，这才是孝顺。

中国自古以来将葬礼看得非常重，有的人常年不管父母，父母死后却把大把的钱花在葬礼上，外人看到了赞一句"真孝顺"，可谁又知道，他们父母的悲伤和孤独。父母活着的时候不孝顺，死后却痛哭流涕，只怕是做给别人看的。陪伴是最长情的告白，不要父母在世的时候不珍惜，等失去后才追悔莫及。厚养薄葬才是当今社会提倡的，不要用挣钱当借口，父母没有那么多时间等我们，儿女要经常回家看望父母，身在异地的要经常给家里打电话。

4.提倡邻里和睦，反对拉帮结派

乡亲邻里莫赌气，互帮互助称兄弟。

莫嫌穷来莫亲富，莫欺老弱穷乡亲。

远水解不了近渴，远亲真不如近邻。

有了急事近邻好，照应堪比一家人。

邻里间互谅互助，家人间温馨和睦。

团结起来行好事，参与建设新农村。

 小故事 •--

"六尺巷" 的故事

据说清代中期，宰相张英与一位姓叶的侍郎都是安徽桐城人。在桐城，两家毗邻而居，造房屋时，为争地皮，发生争执。张家老夫人修书给身在北京的张英，要张英出面干预。张英看罢来信，立即作诗劝导老夫人："千里家书只为墙，让他三尺又何妨。万里长城今犹在，不见当年秦始皇。"张老夫人见信明理，立即把墙主动退后三尺；叶家见此情景，深感惭愧，也马上把墙让后三尺。

这样，张叶两家的院墙之间就形成六尺宽的巷道，这便是有名的"六尺巷"。

"六尺巷"的故事寓意深远，堪称处理邻里关系的典范。

其实，邻里之间日日相见，总会有这样或那样的小摩擦，这时我们要有一颗宽容之心。古话说得好，"远亲不如近邻"，可见，与邻居处好关系，对自身、对家庭都是百利而无一害的。其实，谦让和宽容是做人的准则，无论是身居显赫之位，还是卑微如同草芥，都应该如此。"六尺巷"的故事告诉我们：礼让、谦和是中华民族的传统美德。今天邻里之间处理小是小非，应向古代开明之士学习，建立和睦的邻里关系。事情就是这样：争一争，行不通；让一让，六尺巷。"六尺巷"故事中这件事，说大不大，但弘扬了一种美德，体现了一种胸怀。只有人人学会谦让，人人学会宽容，这个社会才能和谐。

（三）扬家风、传美德

手足贵相助，夫妻贵相从，

长幼贵有序，邻里贵宽容。

做人讲道德，做事讲良心，

心里有盏灯，肚里能撑船。

种地不怕累，打工不怕苦，

不做亏心事，不赚昧心钱。

家穷要喂猪，人穷要读书，

乡穷要办厂，村穷要修路。

翻身不忘本，重利不忘义，

明理多读书，致富靠科技。

家风是社会风气的重要组成部分。家庭不只是人们的居所，更是人们心灵的归宿。家风好，就能家道兴盛、和顺美满；家风差，难免殃及子孙、贻害社会。正所谓："积善之家，必有余庆；积不善之家，必有余殃。"

家庭是社会的细胞。家庭和睦则社会安定，家庭幸福则社会祥和，家庭文明则社会文明。历史和现实告诉我们，家庭的前途命运同国家和民族的前途命运紧密相连。我们要认识到，千家万户都好，国家才能好，民族才能好。国家富强，民族复兴，人民幸福，不是抽象的，最终要体现在千千万万个家庭都幸福美满上，体现在亿万人民生活不断改善上。

——2016年12月12日，习近平在会见第一届全国文明家庭代表时的讲话

周恩来的家风故事
——不允许重修老家房屋

　　周恩来在原籍有几间老屋，淮安县政府几次想把这些房子重修一下，周恩来知道后，坚决反对。1958 年 6 月 29 日，他亲自写信给淮安县政府，认为修房之事"万万不可"。周恩来的信寄到淮安后，在当地政府和百姓间引起很大震动。淮安县政府遵照周恩来的意见，没有重修他老家的房屋。

　　1973 年，淮安县再次提出要重修周家的老房子。这件事传到周恩来耳朵里，他十分着急，立即请国务院办公室的同志给淮安县政府打电话，传达他"不准修房"的意见。后来，周恩来听说淮安县准备将他家的老屋修缮后作为图书馆，又让秘书转达了他的三点指示：第一，不许维修；第二，不许动员院里的住户搬家；第三，不许让人去参观。其实，淮安县早前就准备把周总理家老屋的东院改作图书馆，而且已经占了三间当作书库。听了周总理的指示，他们决定停止施工。淮安县还报告说，县里没组织过参观周总理故居这样的活动，但还是有远道而来的参观者。现在，县政府做出决定，要对工作人员进行教育，不随便带人到那座院子参观，对外地的参观者，也一概拒绝。

1976年周恩来去世后，淮安县又把修缮周恩来故居之事提上日程。邓颖超知道此事后十分不安，她不愿意违背周恩来生前的意愿，亲自给淮安县委的领导写了一封信，千叮咛万嘱咐不许修房子。

但是，出于对周恩来总理的敬仰和怀念之情，淮安县政府最终还是决定重修周恩来故居。对此，邓颖超没有再说什么，生前也没去参观过周恩来的故居。

（来源：中央纪委国家监委网站，2016年4月29日）

西藏卓嘎、央宗姐妹的家风故事
——守护好幸福家园

西藏隆子县玉麦乡是全国人口最少的乡，曾经只住着一家人家，就是卓嘎、央宗姐妹家。这里也是全国人均面积最大的乡，全乡面积达3644平方公里。卓嘎、央宗姐妹的家训是："家是玉麦，国是中国。"她们在家训的指引下，用心守护和建设家园。

玉麦乡离县城直线距离40公里，但要翻过两座海拔5000多米的雪山，如果遇到极端天气或滚石滑坡阻断道路，根本无法通行。

姐妹俩的父亲常说："玉麦是国家的土地，我们一定要守好！"在父亲的带领下，姐妹俩先后入党，并且每日放牧巡山。有一次，父亲买回红布和黄布，自己动手制作国旗。父亲不仅将国旗挂在屋顶上，还带着国旗去放牧。父亲告诉她们："只要国旗在，家就在，我们脚下踩着故乡的土地，我们站立的地方就是中国。"

如今的玉麦乡早已从"三人乡"发展到56户191人，生活条件也发生了翻天覆地的变化。玉麦有了学校、卫生院、旅游民宿，柏油路修到村里，夏季放牧点都通了电。

央宗的儿子索朗顿珠是玉麦乡第一个大学生，从西藏大学毕业后，考上了玉麦乡的公务员。姐妹俩说，守边固边需要每一代人的努力和创新，我们一定会守护好国土、建设好玉麦，做幸福家园的建设者。

（来源：家风网，2020年7月20日）

张定宇的家风故事
——多做贡献有担当

很多人觉得奇怪，为什么身患绝症，张定宇还能不顾家人担忧，全身心扑在抗疫工作中？对此，张定宇说："因为这是我的工作，是我的责任。"张定宇小时候，父亲常说一句话："在家尽孝，在外尽忠。"张定宇对这句话的理解是：要对家庭尽责任，对社会有担当。

张定宇父亲生前对张定宇要求很高，希望他能通过知识改变命运，回报社会。张定宇在读大学时就立志，要用医学知识帮助更多人，在奋斗和奉献中实现人生价值。这种理想抱负让张定宇满怀激情，奔赴一个又一个救死扶伤的战场。

张定宇曾作为最年轻的队员随中国医疗队援助阿尔及利亚，也曾带领湖北省第三医疗队赴四川参与抗震救灾，参加"无国界医生"组织赴巴基斯坦开展人道主义援助。疫情发生后，张定宇又积极投入抗疫工作。家人虽然担心张定宇，但每次都全力支持他。他们觉得，张定宇作为一名共产党员、作为一名医生，如此作为理所当然。

张定宇家有一个共识：要时时审视自己的德能才学，时时保持一颗谦虚谨慎的心，多做贡献少索取。优良家风在疫情防控期间尤显重要，是很多家庭渡过难关的精神支撑。在抗疫最紧张的时候，张定宇家和千千万万个家庭一样，一家人相互扶持，度过最为艰难的时光。

（来源：家风网，2020 年 7 月 20 日）

第二章
爱劳动、勤动脑、勤动手

（一）人不懒，地能产

致富不等不靠，勤劳动勤动脑。

一年之计在春，一生之计在勤。

人懒地易生草，人勤地能生宝。

人若误地一时，地则误人一年。

学会堆肥施肥，科学用肥用药。

滴灌喷灌节水，大水漫灌伤地。

多用好种好苗，能结好籽好果。

封山育林禁牧，世世代代都富。

扫码查看
同系列电子书
法制科普教育

三分种七分管，好收成有保障。

 小故事 ⊙----------------------------------

身残志坚当自强，脱贫致富好榜样

1988 年，张雅萍出生在甘肃省卓尼县申藏镇冷口村一个贫困家庭，从小身患髋关节脱位，导致她走路一瘸一拐。张雅萍虽有残疾，但她勤奋、努力、自立自强，依靠自己勤劳的双手摆脱贫困，带动当地贫困户脱贫致富。

2004 年冬天，张雅萍的父亲出了车祸，导致腿部永久性残疾。命运再次让这个困难的家庭雪上加霜。无奈之下，正在上初中的张雅萍中断学业，回家照顾父亲。张雅萍一家的遭遇让大家同情，村里人安慰她说，这就是命，可张雅萍不相信命。她坚信可以通过自己的努力改变眼前的境遇，让全家人过上好日子。2009 年，好学上进的张雅萍重拾课本，自学考上了甘南藏族综合专业学校。2015 年，看到村里大片大片庄稼地荒着，张雅萍心里一动：这些闲置的土地荒着确实可惜，如果能集中起来干点什么，也许是条出路呢！说干就干。张雅萍与家人沟通后就开始行动，登门拜访

村民，给大家做工作。村里的老人信得过这个孩子，她很顺利地租到近 300 亩地。转年开春后，土地租金及种子、化肥还有雇工等费用都没着落。最后，家里亲戚出面帮她贷款 10 万元，张雅萍就这样走上了致富之路。

第一年，她种植青稞、燕麦，收益还不错，总共赚了近 16 万元。除去本金，她获益 6 万元。这第一桶金让张雅萍看到了致富的希望。第二年，她继续扩大种植规模，将附近 3 个村子的闲置土地都租了过来，土地流转规模达到 500 亩，收益也翻了一番。有了两年的创业经验，张雅萍心里又有了新的想法：一直种青稞、燕麦，会不会导致产品堆积，卖不出去？能不能办一个养殖场呢？饲料可以自给自足，还能帮助村里贫困户致富。2016 年 3 月，张雅萍成立丰裕牧业农民专业合作社。创业初期，由于养殖技术和经验欠缺，牛羊因病损失了将近一半。为了实现梦想，她四处学习，不断提高养殖技术，先后得到州县相关部门的资金扶持和技术指导，顺利度过困难期。同时，她动员本村 63 名贫困人口以土地流转、劳务输出、资金入股等多种形式入社，让他们搭上这辆"致富快车"。几年过去了，张雅萍创办的合作社不断发展壮大，从最初的 80 余头牛发展到现在存栏 150 余头牛，年盈利额达 40 多万元。在合作社的带动下，越来越多的贫困人口有了稳定的增收渠道。2017 年，合作社带动村里贫困户 32 户稳定增收，2018 年带动 53 户，2019 年带动 96 户，户年均发放入股分红 1600 元，拓宽了贫困群众的增收渠道。2020 年 10 月 17 日，国务院扶贫开发领导小组决定授予张雅萍"2020 年全国脱贫攻坚奖奋进奖"。

（二）讲科学，奔小康

脱贫致富奔小康，掌握种养新技术。
内蒙东西跨度大，种植养殖有章法。
春夏秋冬一年年，牢记二十四节气。
正月立春早谋划，欢天喜地过新年。
二月惊蛰和春分，春耕备耕有想法。

三月清明和谷雨，犁地撒肥种庄稼。

四月立夏和小满，草场返青地见苗。

五月芒种夏至延，莫让庄稼受了旱。

六月大暑和小暑，防治病虫兼除草。

立秋处暑七月间，打草储青看天时。

八月白露接秋分，田间地头忙秋收。

九月寒露霜降来，大田小田收割完。

十月立冬小雪天，储草储料要做好。

冬月大雪冬至到，牛羊满圈下冬羔。

腊月小寒接大寒，喜乐安康又一年。

 小故事 ┈┈┈┈┈┈┈┈┈┈┈┈┈┈┈┈┈┈┈┈┈┈┈┈

科学种田实现致富梦

陈洪霞是乌兰浩特市葛根庙镇一位普通的农村妇女，她热衷于农业科技，平时学科技、用科技，依靠农业科技种植温室蔬菜，实现了自己的小康梦。陈洪霞与丈夫在 16 栋日光温室大棚，种植蔬菜和香瓜，仅蔬菜种植这一项，年收入就近 7 万元，是全镇温室蔬菜种植大户。

几年前，陈洪霞夫妇在饭店打工，丈夫是厨师，她是服务员，一年的收入交了房租和各项费用后所剩无几，这让夫妇二人萌生了回村种田的念头。

2013年，陈洪霞夫妇买下一栋日光温室大棚。万事开头难，不懂种植技术的陈洪霞遇到种植、管理等多方面的难题。她到处取经，向别人学、去外地学，敢于吃苦、头脑灵活、善于沟通，不断接受新知识、新信息，经常请镇里的技术员上门指导，虚心向他人请教温室蔬菜种植技术；她严格按照技术流程开展施肥、浇水和病虫害防治工作，积极参加镇里组织的各项学习。在积累了丰富的温室蔬菜种植经验后，在镇政府的帮助下，她又租了 10 栋大棚。她在棚内种上西红柿、辣椒、黄瓜、茄子和香瓜等蔬果。随着蔬菜销路逐步打开，陈洪霞夫妇一年的收入超过 10 万元。自己富了不算富，她把自己摸索到的经验和学到的知识分享给其他种植户，热心地向他们传授种植蔬菜的生产技术和管理经验。

春节期间，陈洪霞也不清闲，她开始着手准备春季温室蔬菜大棚的种植。蔬菜大棚的经济效益不断提高，尝到科学种菜甜头的陈洪霞说："希望我的经历能够让更多的妇女拓展思路，致富不仅外出打工这一条路，只要敢想敢干、勇于创业，科学种田也能实现致富梦。"

不等不靠奔小康

乌拉特前旗第三届农牧民丰收节上，明安镇菅家窑子村村民高培清作为脱贫致富的典型代表，胸戴大红花走上领奖台接受表彰奖励。在党的精准扶贫政策的帮扶下，他通过种养殖结合，日子一天天富裕起来，装修了新房，去年还买了一辆小汽车，实现了从贫困户到致富户的华丽转身。"今年的收成也挺好的。我今年种了33亩玉米，预计能收入4万来块钱，还养着30多只羊、12头猪，这样大概算下来，全家能有8万块钱左右的收入。有党的好政策，我们老百姓现在的日子是越过越红火。"走下领奖台，高培清高兴地说道。

明安镇属于后山干旱区，土地比较贫瘠。多年来，高培清一家仅靠6亩旱田维持基本生活，收入微薄，再加上老伴儿王林枝患有骨性关节炎，不能从事重体力劳动，每年还需要支付大量的医药费，这让高培清一家人对生活一度失去信心。"以前土地少，生活特别困难，住的房是土房，怕塌了，还拿椽顶的了。"回想起过去困难的日子，高培清感慨万千。

2016年，高培清一家被确定为建档立卡贫困户。有了好政策的帮扶，他家的生活开始有了起色。异地搬迁政策让他从20世纪六七十年代的土坯房搬进了宽敞明亮的砖瓦房；在产业扶贫政策的扶持下，他购买了 12 只羊，有了持续发展的产业。2018 年，高培清老伴儿做了膝关节置换手术，他们报销了 95% 的手术费。

这些发生在高培清身上的可喜变化不仅帮他摆脱了贫困的苦日子，还激发了他靠自身的努力致富奔小康的信心。虽然已年过六旬，但高培清老两口不等不靠，凭借着一股子钻劲，勤勤恳恳地经营着自家的生产生活。现在，他家养殖的羊已经发展到 30 多只，并利用出售羔羊所赚费用购买了 3 头大母猪、10 头小猪，发展养猪产业。高培清发展产业的信心越来越强，闲不住的老两口不满足于现状，于 2017 年承包水地 36 亩，用于种植粮食，在补贴牲畜饲料的基础上，纯收入达 2 万多元。

"现在赶上了好政策，我家不仅住上了新房，有了致富产业，还买了一辆代步车，我经常带上老伴儿出去转转，日子越过越舒心。"高培清高兴地说。

（三）人心齐，泰山移

农村牧区要发展，合作才是生产力。
想要脱贫致富快，全靠产业来带动。
脱贫致富要合作，整合资源抱成团。
出力出钱想办法，发展种养合作社。
组织起来成规模，同心同向奔小康。
发展现代农牧业，携手建设新农村。

 小故事 •------------------------------

让"尾巴村"变成"示范村"

8 年间，内蒙古太仆寺旗宝昌镇边墙村从一个一穷二白的深度贫困村发展为集体经济收益超百万元的"明星村"，出现翻天覆地的变化。这得益于村党支部书记、村委会主任王文成带领大家发展村集体经济。8 年前，边墙村可以说是"乱

象丛生"：农用地利用低效，土地分配不合理，
有的村民去世近 20 年，名下仍有土地，部分土地
使用还存在纠纷；居住区用地基本无规划，房屋
院落乱占乱建；荒地荒山多年闲置，道路网等基

础设施严重滞后。边墙村有 7800 亩耕地、6000 亩荒山和湿地、3000 亩林地及少量其他用地。在村支书的带领下，508 户 1193 名村民主动将自家名下的部分土地拿出来归入村集体进行再分配，盘活了 18000 亩沉睡的土地资源，每一亩土地都充分发挥了价值。苏醒的不仅是沉睡的土地资源，还有村民们的观念，大伙逐渐意识到，只有合伙让土地真正流转起来，从地里刨食才能变成从地里掘金。对于大部分村民来说，土地只能种出庄稼，可土地整合后，土地还能产出租金、工资和就业机会。王文成说："土地集中和流转起来之后，搞产业也好，出租也好，都能集体协商、整体规划了，有些闲置劳动力还能解放出来。"

几年下来，5 个专业合作社先后成立，苗木种植、葵花种植、肉牛养殖、马铃薯种植等一个个村集体经济纷纷落地，引进项目资金，统一分红收益，村民们开始抱团儿致富。边墙村还成立了中草药种植协会，2000 多亩黄芪、射干、甘草等中药材成为村民增收的新渠道；借助 50 万元扶贫资金种植 300 亩 60 万株芍药花，利用光优扶贫项目建温室大棚，依托京蒙扶贫协作建设草莓育苗基地，不仅壮大了村域产业，还给村民提供了一个又一个就业岗位。东山、萤石矿、养鸡场每年给村里的租金全部归入集体经济，用于来年发展新产业。2016年，村里投资40万元打造了4套民宿，每套民宿还配有菜园和厨房。当年，这些民宿就短期出租给来自北京的几名退休人员。没想到，第二年，这些人又来了，有的人甚至住了10个月。2018年，村集体又投入300万元打造了20套民宿，供外地游客体验乡村生活。集书画展厅、坝上名居、室内小剧场、坝上农耕民俗馆、地方戏曲文献馆、户外戏楼等于一体的乡村文艺综合体——坝上文化大院在边墙村拔地而起，不仅能带动村民致富，还能向游客展示当地文化。未来两年，太仆寺旗第一座游泳馆将在边墙村投入使用。2020年10月，村里的恒温窖动工，可保障500座大棚的农产品3个月不变质，帮助农民从容应对价格波动，抵御市场风险……产业项目不断引进，内生动力不断激发，一时间边墙村的产业兴旺起来！

2012年，边墙村年人均收入只有2000元。

2019 年，边墙村实现整村脱贫，年人均收入 2 万元以上，集体经济纯收益也从欠账发展到突破百万元。几年下来，边墙村从单一经营种植业发展到拥有 5 个合作社、1 个协会的村域经济综合体，集体经济实现跨越式发展，村域经济的发展不断为边墙村积累财富。曾经的贫困村，如今的产业村，未来的度假村。2020 年，边墙村在内蒙古全区打造美丽乡村综合指标中排名第一，内蒙古推荐 25 个行政村或自然村申报第二批国家乡村旅游重点村，边墙村名列其中。

扫码查看
· 同系列电子书
· 法制科普教育

第三章

扬法治、学法规、守规矩

● 同系列电子书
● 法制科普教育

扫码查看

（一）活到老、学到老，学好法不吃亏

学了法就知法，维护权益保全家。

学了法应守法，不做坏事惹麻烦。

学了法不违法，拘留罚款多可怕。

学了法不犯法，打人偷盗都被抓。

人生都与法有关，学法用法是大事。

不懂法律害处大，如同盲人骑瞎马。

人人学法长知识，心明眼亮走天下。

法盲无端惹是非，犯法定要受惩罚。

判刑入狱泪满面，悔恨当初不学法。

故意杀人要偿命，涉枪爆炸危害大。

团伙犯罪要严打，从重从快不姑息。

地痞村霸是祸害，横行乡里不安宁。

扫黑除恶除公害，除恶务尽正村风。

明知赃物你窝藏，他偷盗来你销赃。

构成销赃包庇罪，双双都得坐班房。

违法犯罪若逃窜，担惊受怕心不安。

别存侥幸快自首，主动投案能从宽。

劝君莫长三只手，不要偷鸡和摸狗。

天长日久必暴露，丢人现眼受惩处。

法律保护人身权，打人致残要法办。

故意伤害是犯罪，判刑坐牢又赔款。

扣押人质犯刑律，国家法律不允许。

损人利己法不容，限人自由必自毙。

诈骗手段多变换，切莫见利讨便宜。

一不小心中圈套，破财不说伤身体。

四邻八舍住得近，切莫无端生是非。

打架斗殴两悲伤，不可赌气争高低。

父母是儿监护人，严格管教需精心。

若纵孩子闯大祸，必定破财累己身。

小孩吵架平常事，大人别把感情伤。

自己孩子多管教，和睦相处喜洋洋。

孩子有错别不管，从小教育是关键。

严管孩子能学好，放松就会成恶少。

生意一旦有纠纷，处理协商要耐心。

解决问题要妥善，调解不成依法办。

聚众赌博把钱耍，输钱受穷家人骂。

天长日久危害大，公安机关来处罚。

矿山森林属国家，勤劳致富要依法。

取石挖矿要依法，法律专治乱作为。

学法用法树新风，法律章程要记清。

学法懂法心明亮，触犯刑律法不容。

全体公民都学法，利国利民利大家。

案例

一

有的村民心地善良，热心公益，但是由于不懂法，往往好心办了坏事。比如，抓到小偷，不交公安部门处理，大家一拥而上将其打伤打死，结果被判刑；有的人见到本村人与邻村人打架，便奋不顾身与本村人一起殴打对方；有的村民见到朋友和他人争吵，二话不说，冲上去殴打对方，把对方打死，结果被判死刑，他的朋友因为没动手，反而没事；还有的村民为了防止偷盗，在田地或草场下毒，在鱼塘或房屋周围架设通电的铁丝等，如果小偷被毒死或电死，村民有可能因犯故意杀人罪坐牢。

二

2020 年 1 月 9 日，田某某乘坐火车辗转由湖北荆州、汉口等地返回山东成武县大田集镇家中。1月20日至22日，在出现发热、干咳等症状后，田某某先后到村卫生室、镇医院就诊。医护人员询问其是否有武汉旅居史，田某某谎称从河北石家庄返回家中。1月23日，田某某到县人民医院就诊时仍多次故意隐瞒到过湖北的事实，被收治于普通病房。1月25日，田某某被诊断疑似患有新冠肺炎，在被转入感染科隔离治疗过程中，不予配合并要求出院。1月26日，田某某确诊，导致医护人员及同病房病人共37人被隔离观察。3月1日，山东省成武县人民法院以妨害传染病防治罪判处被告人田某某有期徒刑十个月。

三

2019年5月至11月，黄某某利用其改装的射钉枪在重庆垫江东印山猎捕4只野生动物。11月13日，黄某某被抓获，公安机关在其住处搜查出1支"快排"气枪、1支"突鹰"气枪、1支改装射钉枪等，并从其亲属处查获黄某某猎杀的3只野生动物。经鉴定，3 支枪支均具备致伤力，查获的 3 只野生动物中，1 只为小灵猫（国家二级重点保护野生动物），另 2 只为花面狸（三有野生动物）。2020 年 3 月 4 日，重庆市垫江县人民法院以非法制造枪支罪判处被告人黄某某有期徒刑 3 年；以非法猎捕、杀害珍贵、濒危野生动物罪判处黄某某有期徒刑 1 年 6 个月，并处罚金人民币 1 万元；以非法持有枪支罪判处黄某某拘役 6 个月，决定执行有期徒刑 4 年，并处罚金人民币 1 万元。

（二）你懂法、我懂法，关键学好《民法典》

民法典九法归一，立足实际彰公平。

你我皆非天上仙，人间烟火事难免。

法典点亮人生路，遵守法律行正道。

物权债权应区分，性质不同特征异。

胎儿视为有权利，可以继承受赠与。

限制能力八岁起，可以出去"打酱油"。

监护指定有争议，最终申请法院判。

监护缺失无人管，村居民政为替补。

股东高管别滥权，滥权致损要担责。

法人决议违章程，股东撤销找法院。

见义勇为人称赞，施救致损不担责。

财产概念有变化，遗产范围愈宽泛。

继承方式有变化，财产传承更简单。

合法权益不可侵，侵权要把责任担。

土地承包不登记，土地转让要登记。

流转方式有创新，入股出租兼抵押。

住宅用地期满续，如有减免依法办。

（来源：根据郑州荥阳市陈志贤律师《民法典颂》改编）

案例

一

2013 年 6 月，邱某与宿迁市宿豫区曹集乡旱闸村村委会签订一份农村土地承包经营权流转合同，约定旱闸村村委会将村部西边东五组承包地 2.35 亩以转包形式流转给邱某使用，流转用途为建设高效农业，邱某应按照农业用地使用土地，确保土地和水系不受破坏。邱某在未办理任何审批手续的情况下，在该土地上建设门面房上下两层共 14

间及厂房 1 间。之后，邱某将上述门面房及厂房出售给陈某某。陈某某又将上述门面房及厂房转让给刘某某。在陈某某将上述厂房交付给刘某某后，张某阳、张某升、叶某及张某玲以他们与陈某某系合伙关系，陈某某转让门面房及厂房未经他们同意为由，占有该门面房及厂房，拒不搬出。2019 年 9 月，宿豫法院立案受理后，依法公开开庭审理此案。宿豫法院经审理认定邱某与皂闸村村委会签订的土地承包经营权流转合同约定的土地用途为建设高效农业，他应按农业用途使用土地，而邱某未经审批在该土地上建设门面房及厂房，改变土地用途，不符合法律规定。此外，邱某建设涉案房屋前也未办理相应的规划审批手续，其所建房屋属于违法建筑，刘某某及张某升、张某阳、叶某、张某玲之间因该房屋引起的纠纷不属于人民法院民事诉讼受案范围，并依法裁定驳回刘某某的起诉。裁定做出后，双方均未上诉。国家严格保护基本农田，控制非农业建设占用农用地。

二

2017 年 11 月 25 日，泗洪县峰山乡后窑社区居民委员会（简称后窑居委会）与王某某签订承包协议，约定后窑居委会将 1241 亩土地流转给王某某使用，每亩每年租金 550 元，每年 10 月 10 日前付清下一年度租金，但王某某至今仍欠 2019 年 10 月 10 日至 2020 年 10 月 10 日的租金 272550 元未予支付，致使后窑居委会无法向村民支付土地流转租金，引发村民投诉，要求收回土地。2020 年 5 月 20 日上午，双沟法庭工作人员来到法院扶贫挂钩单位峰山乡后窑居委会开展巡回审判，除双方当事人外，社区的农户代表、社区网格员以及其他承包经营户共 40 余人旁听了本次巡回审理。通过庭审及调解，王某某与后窑居委会签署调解协议，承诺于 2020 年 5 月 31 日前一次性付清拖欠的土地租金。

调解书生效、履行期限届满后，王某某并没有主动履行付款义务，反而提交诉状，主张其实际承包的土地面积并没有 1241 亩，少 200 多亩，要求后窑居委会退还多收取的土地租金。双沟法庭及时启动诉前调解程序，经过初步走访调查，查明王某某承包的土地面积确实存在误差，但并不是其主张的少 200 多亩。法庭建议双方实际测量复核，经过多次督促、疏导、调解，促使双方同意案涉土地中用于排水的沟渠及原先形成的小道不算入土地面积。经过共同测量复核，结果为实际租赁土地面积比合同约定的 1241 亩少 65 亩。双方认可此结果，同意相应扣除 65 亩土地的租金，法庭督促王某某将剩余租金及时支付给居委会。

（三）心有法、会用法，
家庭和睦社会安

优良家风互关爱，弘扬美德树文明。
亲属包括血姻亲，近亲家庭范畴清。
胁迫结婚可撤销，撤销期限是一年。
重疾婚前应告知，受欺撤销期一年。

亲子关系有异议，父母可提起诉讼。

成年子女存异议，可经诉讼来确认。

婚内家务付出多，离婚有权求补偿。

协议离婚勿冲动，还有一月冷静期。

期满一月不申请，视为撤回姻缘续。

首判不离又分居，期满一年应准离。

不满两岁母抚养，已满八岁尊其愿。

重大过错致离婚，无错有权求赔偿。

遗嘱形式更多元，打印录像皆有效。

打印在场逐页签，录像保存注时间。

公证遗嘱不优先，最后遗嘱有效力。

遗产管理新理念，新增遗产管理人。

分割遗产先偿债，特定继承留份额。

（来源：根据郑州荥阳市陈志贤律师《民法典颂》改编）

案例 --

一

　　卫某某与孙某某经人介绍相识，于 1999 年 3 月登记结婚，婚后未生育子女。卫某某曾于 2017 年 8 月将孙某某告到法院，要求与孙某某离婚，后于当日撤诉。2018 年 4 月，卫某某再次起诉，要求与孙某某离婚，后法院判决驳回卫某某的诉讼请求。2019 年 3 月 13 日，首都医科大学附属北京友谊医院出具的诊断证明书显示，孙某某现患有异体肾移植状态肝功能不全、糖尿病、高血压冠状动脉粥样硬化性心脏病等疾病。北京市密云区人民法院审理认为，夫妻感情是婚姻关系存在的基础，夫妻间的责任亦是婚姻家庭生活的一部分。卫某某与孙某某结婚近二十年，婚龄较长，婚姻基础较好。现被告孙某某身患重病需要原告卫某某照顾，原告应该担负起作为丈夫的责任，悉心照顾患病妻子，协助其进行治疗。依照法律规定，法院判决驳回原告卫某某的离婚诉讼请求。

离婚是夫妻双方通过协议或者诉讼的方式解除婚姻关系，终止夫妻间权利和义务的法律行为。我国《民法典》第一千零七十九条规定，人民法院审理离婚案件，应当进行调解，如感情确已破裂，调解无效，应准予离婚。夫妻之间具有相互扶助的义务，在一方身受重大疾病困扰时，另一方应当承担作为配偶的责任。通过诉讼离婚不应当成为拒绝履行夫妻间责任的手段。虽然法律没有明文规定当一方处于明显困境时，另一方不得提出离婚，但是法院在判定双方是否感情破裂时会综合考虑夫妻间的道德义务及被告的意愿，综合做出判断。夫妻不仅是能够共同经营幸福的生活，更应互相承担生活的磨难，在一方处于困境时，另一方应该尽量照顾、关心、体恤，这既是道德要求，也是法律义务。

二

高爷爷与李奶奶是高翔的祖父母。高翔没有工作，专职照顾爷爷奶奶的生活，直至二人去世。高爷爷与李奶奶的后事也由高翔出资办理。高爷爷与李奶奶去世前立下代书遗嘱：因孙子高翔照顾老人，二人去世后将居住的回迁房屋送给高翔。高爷爷与李奶奶有三个子女，回迁房是高爷爷、李奶奶与大儿子交换房产所得。三个子女认为代写遗嘱的代书人是高翔的妻子，且没有见证人在场，遗嘱无效。高翔以上述三人为被告提起诉讼，请求确认高爷爷与李奶奶所立案涉遗嘱合法有效，以及确认其因继承取得案涉回迁房屋的所有权。鞍山市中级人民法院认为，高翔提供的代书遗嘱因代书人是高翔的妻子，在代书遗嘱时双方是恋爱关系，这种特殊亲密的关系与高翔取得遗产存在身份和利益上的利害关系，属于法律规定的禁止代书人，因此其代书行为不符合代书遗嘱的法定形式要求，应属无效。本案应当按照法定继承进行处理。高翔虽然不是法定第一顺序继承人，但其自愿赡养爷爷、奶奶并承担了丧葬费用，根据法律规定，继承人以外的对被继承人扶养较多的人，可以分配给他们适当的遗产，高翔可以视为第一顺序继承人。高翔虽没有赡养祖父母的法定义务，但他能专职侍奉生病的祖父母多年直至老人病故，是良好社会道德风尚的具体体现，应当予以鼓励。遗产继承处理的不仅是当事人之间的财产关系，还关系到家庭伦理和社会道德风尚，继承人应当本着互谅互让、和睦团结的精神消除误会，积极修复亲情关系，共促良好家风。

第四章

爱中华、讲团结、共发展

（一）同一片蓝天、同一方热土，同是中华民族

中华民族大家庭，五十六朵花齐放。

石榴籽儿抱成团，团结友爱心连心。

彼此互助携起手，都是命运共同体。

百年未有大变局，各族儿女齐奋进。

民族精神共培育，风雨同舟共患难。

中华民族一家亲，融进血液灵魂里。

各族人民了不起，同心共筑中国梦。

扫码查看
- 同系列电子书
- 法制科普教育

小故事

土尔扈特万里东归

明朝末期，由于蒙古族各部之间征战不断，土尔扈特部被迫西迁，在伏尔加河流域一带游牧。虽然远在万里之遥，土尔扈特部却始终与祖国保持着联系。清顺治七年（1650 年），土尔扈特部派遣使者与清王朝取得了直接联系，并一直往来。

清康熙五十一年（1712 年），康熙皇帝派出图理琛使团慰问土尔扈特部。在宴请图理琛使团时，土尔扈特部首领阿玉奇说："（土尔扈特部）衣服帽式，略与中国同；其俄罗斯乃衣服、语言不同之国，难以相比。"有清一代，土尔扈特部频频向清政府遣使朝觐，万里长路，驿马不绝。

17 至 18 世纪，沙皇俄国崛起并大肆扩张，身处异乡的土尔扈特人饱受沙俄统治者的剥削和压迫。乾隆三十五年十一月（1771 年 1 月），不堪忍受欺辱的土尔扈特部发动起义，决意东归。首

63

领渥巴锡率部众 3 万多户约 17 万人开始了行程万余里的回归祖国的伟大壮举。一路上，土尔扈特部众穿越险峻山川、浩瀚沙漠，冲破沙俄军队的追赶拦截，历经艰难困苦，经过半年时间，终于抵达伊犁河畔，回到祖国怀抱，但一路上损失惨重，"其至伊犁者，仅以半计"。

土尔扈特部东归让乾隆皇帝十分高兴，他对土尔扈特人的义举给予了高度赞扬，并对他们的生产生活进行了周到细致的安排。同年九月，乾隆皇帝在承德避暑山庄接见并宴请渥巴锡等人，渥巴锡将祖传腰刀进献给乾隆皇帝。

土尔扈特部反抗沙俄的压迫奴役，不畏艰险回归祖国，这不仅是我国历史上一桩可歌可泣的重大事件，也创造了举世闻名的奇迹。土尔扈特部虽然离开故土近一个半世纪之久，但始终在情感上和文化上保持着与祖国的血肉联系，后经万里长途毅然东归，彰显了中华民族强大的凝聚力和向心力。正是各民族对祖国的强烈认同，推动中国作为统一多民族国家不断巩固和发展。

回归祖国后，土尔扈特部众主要生活在新疆、内蒙古、青海一带。他们和当地各族人民一起内勤耕牧、外御强敌，为开发和稳定我国西北边疆、维护和巩固国家统一、促进民族团结做出重大贡献。

中华人民共和国成立之后，聚居在内蒙古自治区阿拉善盟额济纳旗的东归土尔扈特部后代，为了新中国航天事业多次迁徙。在他们游牧的故地上，东风航天城拔地而起，新中国的航天事业从这里蹒跚起步、走向辉煌，新中国第一颗人造卫星"东方红一号"、第一颗返回式卫星、第一枚远程运载火箭、第一艘载人航天飞行器"神舟五号"飞船、第一个空间站"天宫一号"，都从这里起飞，在太空中镌刻下中国印记。这些伟大成就的取得，彰显了包括蒙古族土尔扈特部在内的各民族对祖国的拳拳赤子之心，彰显了以爱国主义为核心的民族精神。

2004 年，新疆维吾尔自治区巴音郭楞蒙古自治州将渥巴锡率领部众到达巴音布鲁克草原的日子——6 月 23 日，定为"东归节"。此后，每年"东归节"期间，当地都会开展形式多样的纪念活动和文化体育活动，大力弘扬以爱国主义为核心的"东归精神"。"东归节"逐渐成为巴音郭楞蒙古自治州的文化品牌，吸引了八方来客。电影《东归英雄传》、大型实景剧《东归·印象》等一批文艺作品，大力颂扬东归英雄事迹，把爱国、团结、坚韧不拔的精神深植于各族人民心中。

千百年来，中华民族之所以焕发出强大的凝聚力和向心力，就在于各民族有着共同的价值追求和精神归依；在历史的长河中之所以生生不息、不断发展，就在于凝结为一荣俱荣、一损俱损的命运共同体。历史深刻地表明，中华各民族只有把自己的命运同整个中华民族的命运紧紧连接在一起，才有前途，才有希望。

（来源：国家民委微信公众号）

在历史长河中，农耕文明的勤劳质朴、崇礼亲仁，草原文明的热烈奔放、勇猛刚健，海洋文明的海纳百川、敢拼会赢，源源不断注入中华民族的特质和禀赋，共同熔铸了以爱国主义为核心的伟大民族精神。昭君出塞、文成公主进藏、凉州会盟、瓦氏夫人抗倭、土尔扈特万里东归、锡伯族万里戍边等就是这样的历史佳话。近代以后，面对亡国灭种的空前危机，各族人民共御外侮、同赴国难，抛头颅、洒热血，共同书写了中华民族艰苦卓绝、气壮山河的伟大史诗。其中涌现出一大批少数民族的卫国英烈、建党先驱、工农运动领袖、抗日英雄、开国将领，为民族独立和人民解放作出了不可磨灭的历史贡献。"人心所归，惟道与义。"在百年抗争中，各族人民血流到了一起、心聚在了一起，共同体意识空前增强，中华民族实现了从自在到自觉的伟大转变。中华民族精神是各族人民共同培育、继承、发展起来的，已深深融进了各族人民的血液和灵魂，成为推动中国发展进步的强大精神动力。

　　一部中国史，就是一部各民族交融汇聚成多元一体中华民族的历史，就是各民族共同缔造、发展、巩固统一的伟大祖国的历史。各民族之所以团结融合，多元之所以聚为一体，源自各民族文化上的兼收并蓄、经济上的相互依存、情感上的相互亲近，源自中华民族追求团结统一的内生动力。正因为如此，中华文明才具有无与伦比的包容性和吸纳力，才可久可大、根深叶茂。

　　——2019年9月27日，习近平在全国民族团结进步表彰大会上的讲话

（二）同呼吸、共命运，
民族团结共发展

民族团结像空气，一分一秒离不了。

团结源于你我他，团结造福你我他。

各族邻里要和善，共居共事是福分。

棵棵青草根连根，各族人民心连心。

贫穷落后不可怕，团结起来有办法。

多学语言强本领，升学就业渠道宽。

昨天今天看明天，如今时代大发展。

复兴路上有你我，民族团结做贡献。

加强民族团结，要坚决反对大汉族主义和狭隘民族主义。反对"两种主义"的问题，从共同纲领到现行宪法都作了规定。大汉族主义要不得，狭隘民族主义也要不得，它们都是民族团结的大敌。大汉族主义错误发展下去容易产生民族歧视，狭隘民族主义错误发展下去容易滋生离心倾向，最终都会造成民族隔阂和对立，严重的还会被敌对势力利用。当然，人民内部、同志之间真正能上升到主义层面的分歧并不多，要防止无限上纲上线，把"两种主义"变成内耗工具。要各去所偏、归于一是，引导各族干部群众自觉维护国家最高利益和民族团结大局。

——2014 年 9 月 28 日，习近平在中央民族工作会议上的讲话

 小故事 ----------------------------------

草原母亲和"国家的孩子"

20 世纪 60 年代初的"三年困难时期"，我国食品严重缺乏，上海、江苏、安徽等省市的一些

孤儿院因为食品短缺，陷入严重困境，3000多名孤儿营养不良，患病人数越来越多，每天都有告急电话打到全国妇联。全国妇联负责人康克清十分着急，无奈之下，直接找周总理寻求解决办法。在那个年代，康克清的难处何尝不是周总理的难处？周总理给康克清出主意，让康克清找乌兰夫商量，能否从内蒙古搞些奶粉运往南方，以解燃眉之急。乌兰夫对康克清说："弄些奶粉解决燃眉之急没问题，但毕竟不是长久之计，抚育孩子不是一天两天、一年两年的事，不如把这些孩子送到内蒙古，由牧民直接抚养。牧区人口少，牧民们十分喜欢孩子，相信他们会把孩子抚养好的。"

康克清将乌兰夫的建议向周总理汇报，周总理非常高兴，觉得这确实是个好办法，并叮嘱乌兰夫一定要把这件事安排好。于是，大规模接收南方孤儿的工作在千里草原全面展开。乌兰夫亲自主持会议，专门研究接收方案。内蒙古自治区成立了专门的接收安置机构，抽调了一批医护人员和保育人员，分批赶赴上海、江苏、安徽等地接孩子，并负责医疗保育工作。乌兰夫要求接一个、活一个、壮一个。

三千孤儿登上前往内蒙古大草原的列车。为了让孩子们尽快适应草原生活，对身体较为虚弱的孩子，内蒙古自治区政府并没有安排牧民立刻收养他们，而是让他们在保育院居住，让他们适应环境、调养身体。孩子们刚来到草原，年小体弱，水土不服，这急坏了年仅19岁的保育员都贵玛。这个19岁的未婚姑娘陆续照顾28个孤儿，成为孩子们的临时妈妈。从喂奶、喂饭到帮助孩子拉屎撒尿，都贵玛用那双勤劳的双手将孩子们从头到脚收拾得干净利索。遇到孩子生病，不论什么时候，不管外面天气如何恶劣，都贵玛都会骑着马到医院去。人们常常见到年轻的她在深夜里骑着马，冒着凛冽的寒风和被草原饿狼围堵的危险，奔波几十里去找医生。这群来自南方的孩子经受住了草原上风霜的考验，扛住了北方的寒冬，一个个长得结结实实、健健康康。"接一个、活一个、壮一个"，草原额吉用大爱践行了承诺。最终，由都贵玛照顾的28名南方孤儿全部被当地的牧民领养。直到这时，都贵玛才离开这个临时托儿所。

她说被孩子们叫一声"额吉"就是最大的幸福；她说我从心里爱他们，也真心感谢他们让我体会到做母亲的快乐。都贵玛也是孤儿，曾体会过孤独的感觉。如今，28 个孩子早已经成家立业，有了后代，都贵玛有一个上百人的多民族的大家庭，她不是哪一个孩子的额吉，而是草原上"国家的孩子"的额吉。

一个母亲收养一个孤儿是善良的体现，一片草原收养了三千孤儿，应当说体现了一个民族的博爱。三千"国家的孩子"与草原额吉共同诠释了人间大爱。

（三）你添彩、我添彩，新时代模范自治区更精彩

你家我家咱国家，中华民族一家亲。

新时代有新征程，砥砺奋进向前行。

听党的话跟党走，法律法规要遵守。

民族团结要珍视，遵纪守法要自觉。

学知识、增才干，走遍天下都不怕。

同呼吸、共命运，小康路上齐奋进。

你添彩、我添彩，人人未来都精彩。

有国有家有你我，同心共筑中国梦。

我们党采取民族区域自治这个新办法，既保证了国家团结统一，又实现了各民族共同当家作主。实践证明，民族区域自治制度符合我国国情，在维护国家统一、领土完整，在加强民族平等团结、促进民族地区发展、增强中华民族凝聚力等方面都起到了重要作用。

——2014 年 9 月 28 日，习近平在中央民族工作会议上的讲话

小故事

像爱护眼睛一样爱护民族团结

阿迪雅是包头市达尔罕茂明安联合旗满都拉镇巴音哈拉嘎查的牧民。作为一名共产党员，36年来，他在中蒙边境坚持放牧守边两不误，与各民族群众和睦相处，像爱护眼睛一样爱护民族团结，先后义务巡边累计近10万公里，上报各种信息300多条，参加军警民联合巡防100多次，协助边境派出所破获涉边案件数十起，被当地干部群众亲切地称为中国北疆边境上的"草根卫士"。

阿迪雅曾担任嘎查党支部书记、副书记，被满都拉边境派出所聘为"编外辅导员"，被达尔罕茂明安联合旗农牧局聘为"动物疫情联络员"。作为嘎查的"党员中心户"，阿迪雅在家中建起了"红色蒙古包"，定期组织附近的5名党员来家中学习。

党的十八大以来，他用通俗易懂的语言向牧

民群众宣传习近平新时代中国特色社会主义思想，宣传党的民族理论和民族政策，5年间共发放民族团结宣传资料1000多份。他积极参加嘎查党支部组织的十九大精神宣传

小分队，经常走包串户，用蒙古语为牧民们讲解党在惠民惠牧、保护草原方面的政策，引导党员和牧民群众带头禁牧，走生态优先、绿色发展的高质量发展路子，为维护民族团结和边疆稳定作出了贡献。2019年，阿迪雅被国务院授予全国民族团结进步模范个人称号。

第五章

爱家乡、护生态、兴产业

扫码查看
· 同系列电子书
· 法制科普教育

（一）风吹过，青草香，建设宜居宜游新家乡

爱护林草湿地湖，绿色装扮内蒙古。

生态奖补政策好，退耕还草生态好。

爱护林草是责任，破坏生态要追责。

草畜平衡才长远，偷牧超载难长久。

以草定畜讲科学，草畜平衡为子孙。

春秋不可烧秸秆，烟头火星易引燃。

森林草原起火灾，罚款刑拘不容宽。

烧香烧纸祭先祖，草原防火记心间。

草兴牧兴旅游旺，山美水美家园美。

安居乐业四季美，宜居宜游新家乡。

 小故事 •----------------------------------

草场绿了，生态好了，旅游业发展了

乌日根达来夫妇是内蒙古锡林郭勒盟阿巴嘎旗洪格尔高勒镇伊和宝拉格嘎查的牧民。每年夏天是他们最忙的时节，他们每天都忙着种树剪枝、修缮湖岸、搭建蒙古包、酿制奶食品。夫妇俩在嘎查经营着一处占地6000多亩的家庭牧场，这里牛羊成群、清水潺潺、杨柳青青。如此好风光吸引了不少游客，2012年，他们的家庭牧场接待中外游客3000多人。2013年，他们在原有设施基础上又新建3顶蒙古包，还新增了沙滩摩托、游艇、垂钓等娱乐项目。

20世纪90年代，宝拉格嘎查的草场沙化非常严重，植被退化，草场上的湖鲁苏台淖尔（湖鲁苏台湖）也干涸了。别说放牧，连基本生活都成问题。

"我那时才 20 多岁，心里很难受。而且，我觉得如果不拯救这片草原，我就没法继续在这里生存下去了。"乌日根达来说起那时的情景非常感慨，"我想让这里重新绿起来。"

他想到的方法就是绿化，在沙化的草地上种树苗。他变卖了家里仅有的 170 只羊，到赤峰学习治沙绿化技术，并购进树苗，在草场上尝试种植。

"刚开始我买的那些树苗，对于茫茫沙海来说，就是杯水车薪，而且种下的植被，存活率不到 50%。"他每年都到周边旗县牧区打工，打工攒下的钱除生活开支外，都用来购买树苗。春季，他把树苗种到草场上，再出去打工，挣买下一批树苗的钱。

2002 年至 2012 年国家实施京津风沙源治理一期工程期间，政府不仅整体对环境改善做出规划，还对牧民种植树木进行补贴，并帮助牧民实施治理生态的项目，如打井、棚圈建设等。不仅乌日根达来，所有牧民都在好政策下参与生态治理。

就这样，十几年过去了，乌日根达来在自家草场上种杨树、柳树共 5 万多株。他多年的付出终于得到回报，被黄沙掩埋的泉眼冒出涓涓清水，干涸的湖鲁苏台淖尔波光粼粼，野兔、旱獭、沙鸡等野生动物也慢慢从无到有、从少到多。

自家草场绿了之后，他才开始恢复牧业生产。按照旗里"南牛北羊"的发展规划，他养起了肉牛。牧业收入的钱，他又投入生态治理上，生态的恢复为畜牧业发展提供了更好的条件，形成良性循环。"周围牧民邻居的风干肉、奶食品都能放在我这边卖，还有骑马、射箭这样的运动项目，都能让周围邻居挣点零花钱。"

乌日根达来说，现在草原旅游前景非常广阔，每个牧户都可以利用得天独厚的草原经营"牧人之家"。"未来，我希望在我们风光秀美的阿巴嘎草原上，牧民的旅游产业遍地开花，形成规模化、产业化。"

（来源：中新社，2013 年 7 月 4 日）

牧民洪格尔巴特尔的"生态致富路"

祖祖辈辈生活在草原，人人都有生态保护意识

43 岁的蒙古族牧民洪格尔巴特尔在内蒙古通辽市扎鲁特旗与人联合经营家庭生态牧场。"放羊对草原的破坏力大，羊在吃草的同时啃噬草根，会导致牧场荒漠化。牛一般不吃草根，对草原破坏力小。2017 年，为保护草原生态，我们把羊全部卖掉，从传统的牛羊畜牧业转型经营'养牛＋旅游'的生态牧场。这一年，牧场纯收入达113 万元，其中旅游收入突破 25 万元。2018 年，牧场总利润高达 130 万元，其中养牛净利润为 85 万元，旅游利润为 45 万元。" 洪格尔巴特尔将他的"生态致富路"娓娓道来。

"我们是三户联合经营牧场，三家草牧场挨在一起，联合经营能节省人工，使用机械也有保障，有很多的好处。"

2014 年，洪格尔巴特尔与哥哥毕力根达来、姐夫赛音乌力吉以合作社模式联合组建家庭生态

牧场，由"自然放牧、适季养殖"向"集约经营、建设养畜"转变，落实"草原禁牧、草畜平衡、舍饲养殖"和减羊增牛的政策。

"我们祖祖辈辈都生活在草原上，草原便是我们的根，我们都有保护生态的意识。这几年，我们积极响应旗里禁牧舍饲和减羊增牛的号召，坚持少养精养。由于改变了散养的放牧方式，畜群的抗灾能力不仅得到提升，增膘也特别快。这样一来，不仅生态得到了保护，草原植被得到了恢复，牲畜出栏的时间也缩短了。2017 年，仅这一项，我们就进账 50 多万元。"洪格尔巴特尔讲述了调整经营结构后带来的生态效益与经济效益的双丰收。

发展特色旅游项目，走上幸福致富路

2017 年，洪格尔巴特尔经营的牧场依托通辽市境内建成的 500 公里景观带，发展生态旅游产业。每年，大批全国各地的游客会来此度假，欣赏美丽的大草原，入住蒙古包，体验骑马射箭、民俗音乐表演、篝火晚会等具有蒙古族文化特色的旅游项目。"开发旅游产业不仅有助于生态保护和

内蒙古民族文化传承，还能结识五湖四海的朋友。周围其他朋友看到我这种发家致富的方式，也在跟着做。"洪格尔巴特尔颇为自豪地说道。

2019 年 5 月份，洪格尔巴特尔生态家庭牧场与北京二商集团下属子公司内蒙古二商蒙硒园生物科技有限公司签订了富硒牛产业战略合作协议，正式挂牌成为北京二商集团扎鲁特旗富硒牛养殖基地。"每天给牛喂养含 3 克硒元素的饲料，6 个月出栏后，牛体内含有硒，牛肉会更加鲜嫩。"牛吃了富含硒元素的饲料后，排出的粪便也含有硒元素，这种牛粪散落在草原上，对牧草生长有好处，对生态环境的改善也有很大的益处。"富硒牛"每斤牛肉回收价格较普通牛肉多 6 到 8 元，甚至更高。这是一举多得的好事情。

这些年，洪格尔巴特尔走在"生态致富路"上，同时积极为家乡扶贫事业做贡献，2017 年自筹资金成立扎鲁特努图克旅游有限公司，大小蒙古包有 12 座，带动贫困户 1 户就业；2018 年带动贫困户 4 户脱贫。"在我这里干活 1 天 100 元，有的做 2 个月，最长的有 100 多天。有一户贫困户，是一对老夫妻，去年离开这里时还带走了 7 头牛。"
与此同时，洪格尔巴特尔还帮助大学生解决学费
及临时就业问题。"今年没有贫困户，我这里有 5
名大学生，其中 2 名在读，3 名已经毕业，都是周
边的蒙古族孩子，他们假期可以在这里打工赚取
学费，1 个月 3000 元，2 个月 6000 元。有的大学
生毕业后，也来这里，我会给他们提供一个临时
的岗位，帮助他们过渡。"洪格尔巴特尔说。

（来源：人民网，2019 年 8 月 7 日）

（二）有乡愁、有希望，乡村振兴未来好

儿时的小乡村，心头的大世界。

世代耕耘的乡，梦起航的地方。

房前溪水流淌，屋后青翠成行。

远望牛羊成群，近闻花香馥郁。

魂牵梦萦的乡，如今变了模样。

新时代的乡村，充满新的气象。

党出台好政策，指明振兴方向。

努力建设故乡，村庄有模有样。

宜居宜业宜游，打造幸福家园。

新农村建设一定要走符合农村实际的路子，遵循乡村自身发展规律，充分体现农村特点，注意乡土味道，保留乡村风貌，留得住青山绿水，记得住乡愁。

——2015 年 1 月 20 日，习近平在云南考察时的讲话

 小故事 •----------------------------------

湖南省安仁县：立足乡村生态资源发展旅游

打造稻田公园，补上发展短板

最初许多老百姓对靠风景挣钱心存疑虑，现在大家纷纷点赞。稻田公园开园以来，已接待游客超

过 1000 万人次，为安仁县带来旅游收入近 25 亿元。

前些天，虽然天气炎热，但仍有不少游客到湖南省郴州市安仁县永乐江镇新丰村游玩。一望无际的绿色稻田、五颜六色的花园果园、古朴典雅的徽式民居，组成一幅秀美的山水田园画。

新丰村藏在罗霄山脉的层层褶皱里，原本贫穷落后、环境较差，现在却风景如画，搭上了乡村旅游快车。蝶变，是如何发生的？

稻田变公园，村庄换新颜

绕村而过的永乐江和大山一道把新丰村环抱起来。山水之间，近 2000 亩稻田连成一片绿海，两条笔直的村道交叉其间，呈"十"字形。从高空俯瞰，这幅美景巧妙地书写出一个巨大的"田"字。

过去可没有这样的好景致！"五六年前，这上千亩水田被割成许多小块，由几百户农户分别耕种。宽的宽、窄的窄，高的高、矮的矮，毫无美感可言。"在新丰村驻村 13 年的工作人员蔡春林回忆道，以往村里垃圾随手扔，污水随意排，环境脏乱差。

"辛辛苦苦种两季稻，每亩地一年纯收入才六七百块钱，不挣钱啊！"村里的老支书李善文说，"许多村民都出去打工了，水田以一年一亩100块钱的价格出租，都没人要，不少都撂荒了。"

稻田能变成生态湿地和美景吗？2012年，安仁县重新审视乡村资源与发展短板，决定以新丰村等村庄为核心打造稻田公园，让乡村既产粮食又产风景，发展旅游带动脱贫。

打造稻田公园，一个最现实的问题摆在眼前：钱从哪里来？安仁县委、县政府将27个部门的4000余万元涉农项目资金"打捆"使用，平整高低不一的土地，硬化绿化6条村道，新建1.6万米高标准水渠。小块田变大块地，灌溉有新水渠，种稻实现了规模化，不用再为缺水发愁。

在外经商多年的马焕文比一般的村民更具商业眼光，听说村里要发展"美丽经济"，他敏锐地意识到这是一个难得的商机。马焕文回村成立了宝丰农业农民专业合作社，将新丰村2000多亩稻田流转过来。

"无论是花海，还是稻田，都非常漂亮壮观，一定会吸引天南海北的游客。"马焕文说，"每年10月在田里播撒油菜籽，第二年春天就会开满黄灿灿的油菜花。花期过后再种水稻，到当年9月就能成熟，金色的稻浪映衬着山水，观赏价值同样很高。"

经过整治，新丰村脱胎换骨：稻田变为公园，田埂变为观光道路，以前的建筑变为美观的民居；遍地的垃圾不见了，生活污水不再乱排，动物粪便难觅踪影。秀美的村庄勾起人们对田园山水和农耕文化的向往。2014年3月稻田公园开园后，光是每年3月的油菜花节，就能吸引200多万名观赏者。

风景能卖钱，农民日子甜

"好风景能卖钱。"头脑活络的马焕文开了村里第一家农家乐，旺季时一天接待五六十桌客人。有榜样带动，勤劳的村民干劲十足，转身变成了经纪人、生意人、管理人。他们有的开农家乐，有的建起了草莓、葡萄、菊花、艾叶等生态产业基地，还有的出租四轮单车、卖土特产。

去年，新丰村两委换届选举，致富带头人马焕文当选为村主任。他承包的稻田，如今已成为省级农业龙头企业的生产基地。

如今，新丰村实现了"春赏油菜花、夏看映日荷、秋观金色稻、冬踏田园雪"。稻田公园被评为国家4A级景区，吸引力不断提高，名气越来越大，游客数量逐年增加。贫困户吃上了"旅游饭"，腰包鼓了起来。

贫困户何财生一家前几年曾遭遇重创。2015年，何财生的老伴在一场交通事故中伤了腿，不能走路。几个月后，何财生又不慎从家里的二楼摔下去，腰部受了重伤。老两口不但干不了重活，还要治病吃药，花费不小。

考虑到他们的困难，村里将何财生家纳入建档立卡贫困户。曾当过兵，有50年党龄的何财生，一心想乘着发展旅游的东风，早点摘掉贫困户的"帽子"。他主动向村两委提出脱贫摘帽的要求。

"我家11亩地都流转了，每亩每年租金700元。在稻田公园打扫卫生，每月工资500元。我还可以卖点土特产、小玩具，每年可以挣好几千块钱。细算一下，我肯定达到了国家脱贫标准。"何财生拍着胸脯，信心满满地说。

　　游客云集，这也给贫困户杨秋华一家带来了转机。杨秋华有做当地名小吃烫皮的好手艺。每天下午，她都会在村口摆摊，向游客出售鲜美可口的"柴火手工烫皮"。

　　"先用石磨磨出米浆，再用旺火将米浆蒸成薄薄的米皮，加上辣椒酱、豆角等，卷成筒状，就可以吃了。"杨秋华说，"一个烫皮卖6块钱，最多的时候一天能卖六七百块钱呢！在家门口就能赚钱，如今的日子过得甜！"

　　2013年，新丰村农民人均纯收入三四千块钱；到2017年，已超过1万元。

　　（来源：《人民日报》，2018年9月8日）

打造特色富强村　乡村强了人富了

　　近些年，内蒙古巴彦淖尔市临河区狼山镇富强村持续用好内、外部发展优势，打造了独树一帜的本村特色品牌。富强村辖7个村民小组，共有560户2300人，行政村所在地为富强村5组，共有95户342人。富强村汉族人口居多，蒙古、回、满等少数民族聚居于此。气候特征：冬季寒冷，夏季炎热，气温年较差大，四季分明。村域面积15880亩，耕地面积13780亩。产业以设施农业为支撑，以旅游服务业为主线，以"四位一体"为框架。2017年，村民人均可支配收入超过2.5万元。

"四位一体"助推旅游产业兴旺

富强村5组现有水果采摘园1000亩、有机蔬菜基地1000亩、大中棚500亩，有农家乐、农家客栈、儿童游乐场所、农家老作坊等26家，其中规模以上农家乐6家。按照"乡村振兴"战略部署，以党支部引领为主体，以特色农业、特色餐饮为支撑，以旅游服务业为主线，根据一次规划、分步实施的原则，狼山镇党委创新"党支部＋协会＋农户＋基地"四位一体发展模式。在富强村党支部的引领带动下，2018年5月，富强村农家乐餐饮协会成立，民主选举出理事会成员，整合现有农家乐资源，共同谋划乡村旅游发展。2017年，富强村累计接待游客25万人次，社员通过乡村旅游、特色餐饮，人均年收入增收1.2万元以上。

"绿净亮美"实现生态宜居

富强村宜居宜业宜商宜行宜游,以村容村貌"绿净亮美"远近闻名。在美丽乡村建设中,富强村整体人居环境及生态环境得到极大改善,在完成95座旱厕改水厕工程的基础上,继续将推进"厕所革命"作为实现生态宜居的首要任务,牢固树立"绿水青山就是金山银山"的理念,巩固美丽乡村建设成果,严格落实《狼山镇人环境卫生集中整治实施方案》,实现干净、整洁、有序的目标。

精神文化生活让乡风文明

"6个月种田、4个月耍钱、2个月过年"是过去富强村村民生活的真实写照,农闲的时候喝酒、打麻将,纠纷不断,歪风邪气滋生。狼山镇党委和富强村委下大力气开展农村文明创建活动,村风有了极大改善,现在社员追求高质量生活的热情十分高涨,讲文明、树新风成为村民们共同的价值追求,"星级文明户""五好家庭""精巴媳妇""干净人家""孝老爱亲""好邻居"等评选活动开展得有声有色。自2015年起,富强村陆续举办了广场舞大赛、环湖自行车赛、华人篮球赛、乡村大嫂厨艺赛、冬捕千人鱼宴等文体活动，新近还举办了首届大型端午节活动，丰富了村民的精神文化生活。

脱贫攻坚让农民生活富裕

富强村通过调整种养殖结构、帮助农民转移就业、落实各项惠民政策、利用现有优势发展旅游产业，扩大旅游产业规模，促进农民增收，按照"一村一品一策"的思路，大力发展特色产业、特色旅游业、订单农业、规模化养殖业，带动农民致富。持续用好上级扶持集体经济发展专项资金，以帮扶启动、垫资入股、合作经济、乡村旅游、项目带动等途径，推动村集体经济多元化发展。2017 年，村民人均可支配收入超过 2.5 万元。下一步，富强村将继续做好剩余 6 户 11 人贫困户的帮扶工作，圆满完成脱贫攻坚任务。

村民自治提升乡村治理能力

狼山镇党委在富强村成功推行了以村党组织为领导核心、以村民会议和村民代表会议为议事机构、以村民委员会为管理执行机构、以村务监督委员会为监督机构的村级治理模式，形成村民委员会、村务监督委员会与村两委班子共同参与、相互监督的村级治理格局。在村民小组层面，加大了"五人小组"工作法的推广力度，制定了朗朗上口的村规民约，以"小载体"驱动"大治理"，进一步健全完善了自治、法治、德治相结合的乡村治理体系，实现了村民自我管理、自我教育、自我约束、自我服务。下一步，富强村两委要学习借鉴"微治理"工作方法，借鉴村两委、社长推荐，社员投票的方式选出村民理事会，专门监督村、组社员行为的模式，进一步提升村党组织的管理服务水平。

富强村于 2015 年实施新村改造计划。在美丽乡村建设中，富强村 7 个村民小组新修小油路 29.5 公里，硬化路肩 1.5 万平方米，实施村屯绿化 200 亩；新建文化大院、文化活动室、村部，总面积 535 平方米；新建文化广场 4500 平方米、游园 4300 平方米；新建骑行驿站 6600 平方米；安装路灯 90 盏，设立垃圾箱 110 个，建设排污管道近 5 公里；配套完善了草原书屋、篮球场、足球场、健身器材等文体活动设施，并于 2015 年 9 月全面开放。实施新村改造后的富强村宜居、宜业、宜游水平大幅提升，填补了内蒙古河套平原地区乡村旅游的空白。

富强村紧邻镜湖，交通便捷、风光秀丽、生态优良，是凸显黄河河套文化的美丽乡村。这里民族风情浓郁，经过"吃、住、行、游、购、娱"的功能规划，现在的富强村绿树环绕，一条条道路干净整洁，房前屋后树木林立，有乡村客栈、园林水系等配套建筑，每到夏季，更是瓜果飘香。富强村完整地保留了河套地区的农耕文化，同时又把农耕文化和农家乐、采摘园、农事体验园有机地结合起来，目前已经成为集美食休闲、生态农业、果蔬采摘、民俗文化、飞行体验于一体的新型旅游观光村。2015 年，富强村被内蒙古自治区住建厅评为"美丽宜居村庄"和"美丽乡村"，被国家旅游局评为"中国乡村旅游模范村"；2016 年，被中央电视台评为"中国十大最美乡村"；2017 年，被中央文明委评为"全国文明村镇"。

（来源：人民网，2018 年 12 月 7 日）

（三）植树种草、防风固沙，建设北疆绿色屏障

青山绿水好空气，有林有草是前提。

生儿生女要教养，植树种草靠养护。

一棵小苗一棵树，养活种好不容易。

树草防风又固沙，改善环境本领大。

你我今种一片林，子孙共享一片绿。

退耕退牧又还草，生态系统保护好。

有了草林湿地湖，塞北也如江南好。

保护生态环境就是保护生产力，改善生态环境就是发展生产力。良好生态环境是最公平的公共产品，是最普惠的民生福祉。

——2013年4月8日至10日，习近平在海南考察时指出

带领乡亲们致富奔小康

敖特更花是鄂尔多斯市杭锦旗独贵塔拉镇道图嘎查农民，当地有 288 支治沙民工连队，43 岁的她是唯一的女队长。10 余年间，她带领治沙民工连队绿化了 3 万亩荒漠化土地。在工友眼中，她为人随和、沉稳干练，治沙经验丰富，是大家的主心骨，她把带领乡亲们致富奔小康作为奋斗目标。

"像保护眼睛一样保护生态环境，像对待生命一样对待生态环境。我要把我们在库布齐沙漠治沙的经验，告诉其他生活在沙漠边缘的人，还要跟他们一起治沙，让更多生活在沙漠地区的农牧民过上好日子。"敖特更花说。

2014 年，敖特更花带领治沙民工连队赴新疆生产建设兵团种了 900 亩红柳、600 亩沙柳和 240 亩甘草。2017 年，她又转战青藏高原从事绿化工作。

2018 年 5 月，她带领工友到内蒙古通辽市奈曼旗辣椒铺嘎查种甘草、款冬花等药材。无论走到哪里，敖特更花都坚持聘用当地群众。"民族团结一家亲。无论工人来自哪个民族，都要平等对待。"敖特更花说。

从多年治沙实践中，敖特更花总结出经验："在沙漠里发展，也要走'公司＋农户'的规模化、市场化道路。"于是，她先后成立了神湖养殖专业合作社、内蒙古花姐园林绿化工程有限公司，坚持用自己的绿色梦，染绿更多沙漠。

做活绿色经济：生态好了 牧民富了

内蒙古自治区锡林郭勒盟正蓝旗赛音呼都嘎苏木巴音胡舒嘎查的百格利生态牧场里没有一般草原上常见的成群的牛羊和奔驰的骏马，取而代之的是闲庭信步的柴鸡。它们时不时还会表演绝技，扑扇着翅膀飞跃草丛。

"我们给它们取名'草原飞鸡'。"百格利生态牧场负责人呼和图嘎介绍道。他说，自己是个"非主流"的牧民，不养牛羊改养鸡，还与中国科学院植物研究所的博士们一起与鸡为友，研究它们的习性、生活规律，甚至还给它们建起了"别墅"。他还说，养鸡费心，还挣不了多少钱，但是能保证脚下这片草原不会再沙化，这是他最大的心愿。

呼和图嘎以前也是一名传统牧民，每日骑马赶牛羊放牧。但由于缺乏科学放牧知识，草场不堪重负，连年退化。潜在的固定和半固定沙地犹如猛兽张开血盆大口朝向草原，加之世纪之交连续三年的特大综合性自然灾害，正蓝旗的草原荒了，牛羊瘦了，牧民们的日子越过越差。面对生态环境倒退暴露出的人、畜和草之间的矛盾，呼和图嘎首先压缩了自家养畜的规模。

2007年，中国科学院植物研究所在深度沙化的巴音胡舒嘎查成立了沙地生态研究站，专家们提出牧民养鸡改善和恢复生态环境的建议，这让呼和图嘎眼前一亮。"这不就是我苦苦找寻的，既能替代放牧牛羊，实现发家致富，又能改善草场生态环境的好产业吗？"呼和图嘎看到了希望。

但要迈出第一步，需要不小的勇气。"祖祖辈辈都是养牛养羊，养鸡，还能叫牧民吗？"呼和图嘎感到矛盾。除了牧民传统观念带来的压力外，在草原上"牧鸡"还是一项技术活。鸡生病了怎么办？会不会传染给其他牲畜？恶劣天气来袭，怎么保护它们？呼和图嘎没有想到，连建个鸡舍都如此烦琐。"起步阶段，我们在草场上养了3000只鸡，但后来发现这并没有减轻草场压力，反而加快了草场的退化。"呼和图嘎回忆道。尴尬的结果让他和"草原飞鸡"成为其他牧民的笑柄。

呼和图嘎和中科院的专家们没有灰心，他们一边观察研究，一边摸索改进方式。最终，他们决定分片建鸡舍，控制密度。

功夫不负有心人。呼和图嘎和专家们的努力令草场焕发了生机，曾经裸露的沙丘上长出了绿草，草地上的草籽和昆虫给鸡提供了天然的"美味"，大量的鸡粪又为草地补充了有机营养。草原实现了生态良性循环，干涸多年的水泡子也泛起了波光，野生动物们开始移居此处。

草原活了！呼和图嘎趁机建起了蒙古包，开始经营民宿，取名为百格利生态牧场（百格利，蒙古语，意为"自然"）。这些黄灰色的毡包，配有向南的落地窗，与绿油油的草场浑然天成……这样的美景，来过的游客都说好。"我这儿的游客好多都是回头客，每次来必点清炖草原飞鸡。"呼和图嘎说。很多游客喜欢"草原飞鸡"的味道，一个北京游客回去后马上建了个订购"草原飞鸡"的微信群，让呼和图嘎定期把"草原飞鸡"发到北京。没多久，"草原飞鸡"就得到了消费者的认可，呼和图嘎手机里的微信订购群一下子发展到 8 个，客户也发展到 3000 多个。"去年一年，我光在北京就卖出 8000 多只鸡，赚了近 30 万元。"呼和图嘎说。

十余载寒暑，呼和图嘎的牧场从黄沙漫漫的荒地变成"沃野千里绿，青山万木春"的宝地。"草原飞鸡"也从呼和图嘎的"取款机"变成草原生态恢复的"领航机"。在正蓝旗政府推动下，养殖"草原飞鸡"成为当地促进农牧业产业结构升级的一项重要举措。据呼和图嘎介绍："牧民养鸡，政府补贴鸡舍的 70%，鸡饲料免费提供。出栏时，合作社再以 75 元的价格回收，每只鸡，牧民能有 20 到 25 块钱的利润……"政府积极扶持，看到"草原飞鸡"带来生态保护、经济效益双丰收的牧民们也开始转变观点，放下偏见。"我印象最深刻的是一个复员回来的小姑娘，她说从网上看到我的报道后也要推广'草原飞鸡'。她说这样可以保护自家草场，当时就买了 2000 只鸡。"呼和图嘎骄傲地说道。

或许，"草原飞鸡"还无力撬动生态环境治理的大杠杆，但它与草原发生的微小的催化作用，让"靠草吃草"的牧民意识到，自然资源不是用不尽的，保护好脚下这片"绿水青山"，必将会世世代代创造用不尽的"金山银山"。

（来源：人民网，2019 年 8 月 3 日）

后 记

· 同系列电子书
· 法制科普教育
扫码查看

　　"文明内蒙古丛书"从选题策划到成书，历时一年，如今终于付梓。在图书编写过程中，我搜集整理了大量关于新时代文明实践和公民道德建设的资料，深入内蒙古多个盟市机关单位、企业、农村牧区、高校调研，与部分党员干部、市民、企业职工、农牧民、大学生进行了交流，了解了情况，力求用通俗易懂的语言、鲜活的事例把文明实践具体化。希望本丛书的出版有助于引导公民在生活和工作中积极践行社会主义核心价值观，做文明社会的参与者、实践者，为文明内蒙古建设贡献力量。

　　本丛书在成书过程中得到内蒙古自治区党委宣传部的大力支持和指导，内蒙古人民出版社编辑王静、蔺小英、王曼、段瑞昕、董丽娟、孙红梅在提纲编写过程中提出很多修改意见，图片绘画者马东源老师在时间紧、任务重的情况下如期完成插图创作，在此一并表示感谢。

由于编写时间仓促，加之笔者能力有限，书中难免会出现错误和不妥之处，恳请读者批评指正。